MINHA BIBLINHA 2

Copyright © 2014 por David Araújo
Publicado por Editora Mundo Cristão

Todos os direitos reservados e protegidos pela Lei 9.610, de 19/02/1998.

É expressamente proibida a reprodução total ou parcial deste livro, por quaisquer meios (eletrônicos, mecânicos, fotográficos, gravação e outros), sem prévia autorização, por escrito, da editora.

Dados Internacionais de Catalogação na Publicação (CIP)
(Câmara Brasileira do Livro, SP, Brasil)

Minha biblinha 2/ David de Araújo ; ilustrado por
Fábio Sgroi. – São Paulo : Mundo Cristão, 2014.

1. Bíblia. N.T. - Literatura infanto-juvenil
2. Literatura infantojuvenil I. Sgroi, Fábio.
II. Título.

12-13796 CDD-028.5

Índices para catálogo sistemático:
1. Histórias bíblicas: Literatura infantojuvenil 028.5
2. Histórias bíblicas: Literatura juvenil 028.5

Categoria: Infantil

Publicado no Brasil com todos os direitos reservados por:
Editora Mundo Cristão
Rua Antônio Carlos Tacconi, 79, São Paulo, SP, Brasil, CEP 04810-020
Telefone: (11) 2127-4147
www.mundocristao.com.br

1ª edição: fevereiro de 2014
2ª reimpressão: 2014

David Araújo

MINHA BIBLINHA 2

Ilustrada por:
Fábio Sgrói

mundocristão
São Paulo

Antigo Testamento

Deus criou tudo 8
… e muito mais! 10
O jardim que Deus fez 12
Ofuóóó! Roarr! Có, cocoricó! 14
Dois velhinhos 16
Os irmãos se encontram de novo 18
O sonho de José 20
José é o chefe 22
Um bebê no rio 24
Falando com o faraó 26
Deus cuida de nós 28
O muro 30
O homem e o leão 32
Acorda, Samuel! 34
O último é o primeiro 36
O menino e o gigante 38
Um rei sábio 40
Um tiquinho que não acaba 42
Coma seus vegetais 44
Um grande peixe 46
A sombra 48

Novo Testamento

Um pai ficou mudo 52
O aviso mais importante 54
Maria visita Isabel 56
O nascimento 58
Os pastores e os anjos 60
A estrela brilhante 62
Cadê Jesus? 64
João e Jesus 66
Os discípulos de Jesus 68
Jesus e a tempestade 70
Amigos de verdade 72
As crianças com Jesus 74
Só dois peixinhos? 76
Quero enxergar! 78
O jantar 80
A traição 82
Jesus é crucificado 84
Jesus vive de novo 86
Jesus e seus amigos 88
Jesus sobe para o céu 90
Jesus vai voltar 92

ANTIGO TESTAMENTO

Deus criou tudo

— Luz!

Só de falar, Deus criou a luz. E os mares e as plantas. E os peixinhos nadando! Olha que lindo! E as aves voando, voando, voando! E todos os bichinhos, a formiguinha-inha e o elefantão-ão!

Luz! Mar! Plantas! Sol! Peixinhos! Passarinhos! Bichinhos e bichões, tudo foi Deus que criou! E ele sempre dizia:

— Isso é bom!

Gênesis 1.1-25

... e muito mais!

— Vou criar alguém parecido comigo!

E Deus criou Adão e Eva, e disse:

— Vocês dois são especiais! Cuidem de todo este jardim que criei pra vocês!

E como Deus ficou muito feliz com tudo o que havia criado, disse:

— Isso é muito bom!

Gênesis 1.25—2.25

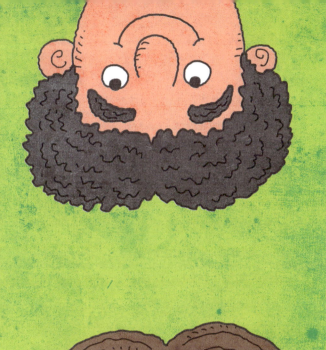

O jardim que Deus fez

Deus disse a Adão e Eva:
— Vocês podem comer de todas as frutas do jardim! Só não comam daquela árvore!

Mas uma serpente disse que a fruta era boa… e eles comeram!

— Crunch! Crunch! Crunch!

Deus ficou triste, e, por que Adão e Eva desobedeceram, tiveram de sair do jardim especial.

Mas Deus queria que eles voltassem.

Gênesis 3

Ofuóóó! Roarr! Có, cocoricó!

— Faça um barco bem grande! — Deus falou pra Noé. — E coloque dentro dele sua família e um casal de todos os animais.

E foi o que Noé fez. Então os animais começaram a entrar no barco:

— Méé! Muu! Có! Oink! Roar!

Quando todos entraram, começou a chover, chover, chover. Choveu tanto que não se via mais terra e o barco começou a flutuar! E só os bichos que moram na água e quem estava no barco não se afogaram!

Gênesis 6.1—9.17

Dois velhinhos

Sara e Abraão eram bem velhinhos. Tinham quase 100 anos! Mas, como eles queriam muito um filho, Deus disse:

— Sara, você vai ter um bebê!

— Mas a gente já é velhinho, Senhor! — Sara disse.

Mas, como Deus pode fazer qualquer coisa, ele deu um bebê para Sara e Abraão. O nome do bebê é Isaque. E os papais ficaram muito felizes e agradeceram a Deus.

Gênesis 18.1-15; 21.1-7

Os irmãos se encontram de novo

Fazia muito tempo que Jacó não via seu irmão. Então ele pensou: — Quero ver meu irmão Esaú!

E lá foi ele encontrar seu irmão. Mas Jacó estava com medo porque achava que Esaú ainda estava bravo com ele por causa de uma briga.

Mas o medo desapareceu quando o grandalhão Esaú, dando um grande abraço em Jacó, disse:

— Que saudade, irmão!

A raiva já tinha passado.

Gênesis 31.2; 32

O sonho de José

Jacó tinha 12 filhos. O mais novo, que se chamava José, um dia teve um sonho e disse para os irmãos:

— Deus quer que eu mande em vocês!

Os irmãos sabiam que José entendia os sonhos, mas mesmo assim não gostaram nada do que ele lhes disse. Ficaram com tanta raiva que resolveram vender José como escravo.

Então os irmãos mentiram para Jacó, o pai deles, dizendo que José tinha morrido.

Gênesis 37

José é o chefe

Depois de muito tempo, começou faltar alimento onde a família de José morava. Mas não no Egito!

— Vão até o Egito comprar alimento — disse Jacó aos filhos.

José morava no Egito e era um homem tão importante que os irmãos nem o reconheceram quando foram comprar comida.

Mas José não estava mais bravo porque os irmãos o tinham vendido como escravo. E os irmãos, arrependidos, abraçaram José e todos ficaram felizes. O sonho de José tinha virado verdade!

Gênesis 42—46

Um bebê no rio

Anos depois, outro faraó que não gostava da família de José, mandou acabar com todos os bebês.

— Esconda seu irmão no cestinho e ponha no rio! — disse a mãe de Miriã e do bebê Moisés.

E lá foi o cestinho! Glub! Glub! Glub! Até que a princesa, a filha do faraó, viu e disse: — Peguem aquele bebê!

Então Miriã, que tinha visto tudo, disse:

— Eu sei quem pode ajudar a cuidar dele! — E ela levou Moisés de volta para a mãe dele.

Êxodo 1; 2.1-11

Falando com o faraó

Quando Moisés já estava velhinho, Deus disse:

— Moisés, diga ao faraó que eu quero que ele solte essas pessoas, que são o meu povo amado.

E Moisés respondeu:

— Mas, Deus, eu vou ga-ga-gaguejar! Não vou conseguir fa-fa-falar!

Deus então disse:

— Leve junto seu irmão, Arão, e ele deve repetir para o faraó o que eu for dizendo pra você.

E Moisés obedeceu a Deus.

Êxodo 4

Deus cuida de nós

Depois que o povo de Deus atravessou o mar, chegou a um deserto, onde não tinha nenhuma comida!

— E agora? O que a gente vai comer? — diziam, assustados.

Mas Deus continuou a cuidar das pessoas. À noite, enquanto todos dormiam (zzzz!), Deus fez cair pão do céu.

No dia seguinte, quando todos acordaram, ficaram surpresos:

— Hum! Tem gosto de bolo de mel! — E comeram, comeram, comeram!

Êxodo 16

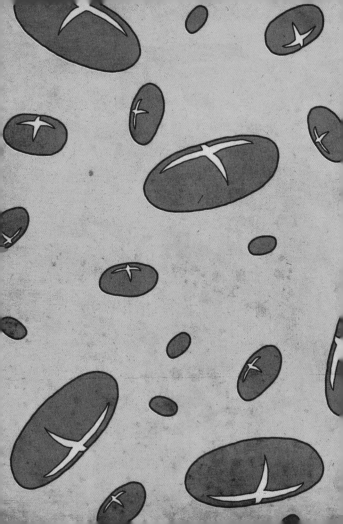

O muro

Os muros de Jericó eram tão altos e fortes que ninguém conseguia derrubá-los.

Deus então mandou o exército de Josué marchar em volta da cidade, sem falar uma palavra!

— Psiu! — Um soldado fazia para o outro. — Psiu!

No sétimo dia, Deus pediu que eles marchassem sete vezes e então fizessem muuuiiito barulho: TADA! FUOM! TUMDUMDSSS!

Então, no meio daquele barulhão todo, Deus derrubou os muros!

Josué 6

O homem e o leão

Sansão tinha um baita cabelão! Um anjo tinha dito a ele que, se nunca cortasse o cabelo, Deus faria dele um homem muito forte.

Um dia, ele estava viajando, quando de repente ouviu… Roar! Roar! Roar!

Um leão saltou em Sansão. Mas ele tinha obedecido a Deus e deixado o cabelo crescer. E que cabelo enooorme... Deus, então, cumpriu sua promessa: Sansão ficou muito, muito, muito forte.

Ah, coitado do leãozinho!
Pobre leãozinho!

Juízes 14.5-6

Acorda, Samuel!

— Me chamou? — Samuel acordou Eli no meio do sono.

— Hã, não, não chamei você, Samuel. Volte a dormir.

Samuel voltou, mas logo estava lá de novo perguntando a mesma coisa. E mais uma vez Eli respondeu: — Não fui eu, Samuel. Vá dormir.

Na terceira vez, Eli percebeu que era Deus que queria falar com Samuel. Então Eli disse:

— Samuel, da próxima vez, só diga: "Estou aqui, Deus".

Samuel fez isso, e Deus falou com ele.

1Samuel 1; 3

O último é o primeiro

Quando Samuel já era homem, Deus pediu que ele fosse até a casa de Jessé e dissesse:

— Deus escolheu um dos seus filhos! Mostre todos eles pra mim!

Jessé trouxe o mais forte, mas Samuel disse:

— Não é esse que Deus escolheu! Onde estão os outros?

E Jessé trouxe todos os outros filhos. Quando chegou Davi, o mais novinho, Deus falou para Samuel:

— É esse. Davi vai ser o novo rei.

E Davi ficou muito feliz.

1Samuel 16.1-13

O menino e o gigante

— Ah! O Deus de vocês não consegue ganhar de mim! Quem quer lutar comigo? — Disse o gigante com voz de trovão. Mas ninguém tinha coragem de lutar com ele.

Davi, mesmo pequenininho, disse:

— Eu vou! Quem ele pensa que é pra falar assim de Deus! Eu confio em Deus!

Davi pegou uma pedra e ZUM-ZUM-ZUM-ZUM! E PLOF na cabeça do gigante! E lá foi ele para o chão!

Ninguém é tão forte como Deus!

1Samuel 17

Um rei sábio

— BUÁÁ!!

— É meu! É meu! — As duas mulheres gritavam. Mas qual delas era a mãe do bebê?

O rei Salomão não sabia, mas ele ia descobrir. Deus tinha ensinado muitas coisas pra ele. Então ele disse:

— Corte a criança ao meio!

Mas uma das mulheres gritou:

— Não!

E assim o rei descobriu quem era a verdadeira mãe do bebê.

1Reis 3.16-28

Um tiquinho que não acaba

— Você tem um pouco de comida?
A viúva só tinha um pouquinho de comida para ela e para o filho,
mas mesmo assim ela deu um pouco para Elias.

Então a viúva viu que em vez de ter menos comida havia mais, e mais, e mais... Não acabava! Ela ficou espantada. Mas como pode? Foi aí que ela percebeu que Deus estava colocando sempre mais e mais comida! Ela ficou feliz e agradeceu a Deus.

1Reis 17.7-16

Coma seus vegetais

O rei da Pérsia queria que as pessoas comessem alimentos não muito saudáveis para que ficassem fortes. Daniel e seus amigos acharam que aquela comida não ia fazer bem. Então disseram:

— Vamos comer só vegetais. Eles vão nos deixar fortes!

Dez dias depois, Daniel e seus amigos estavam mais fortes e mais espertos que todos os outros.

Daniel 1

Um grande peixe

— Vá para Nínive! — disse Deus a Jonas, mas, em vez disso, Jonas fugiu num barco. No meio do caminho, uma tempestade quase virou o barco!
— Jonas desobedeceu a Deus! Vamos jogá-lo no mar! — disseram os marinheiros, assustados.

Deus, então, mandou um grande peixe engolir Jonas, e ele não se afogou. Na barriga do peixe, Jonas se arrependeu e pediu perdão a Deus.

Deus ordenou e — BLURP! — o peixe deixou Jonas na praia.

Jonas 1—2

A sombra

— Deus, você perdoou aquelas pessoas más? — Jonas perguntou, muito bravo. E ficou sentado ao sol. Deus, então, fez crescer uma planta para dar sombra, e ele ficou feliz.

Então, veio uma lagarta e atacou a árvore, e ela morreu. Jonas ficou bravo de novo. E Deus disse:

— Jonas, você se importa mais com a árvore que só durou um dia do que com aquelas pessoas?

Jonas 4

NOVO TESTAMENTO

Um pai ficou mudo

Zacarias e sua esposa Isabel já eram bem velhinhos. Eles não tinham filhos. Mas como eram obedientes a Deus, um dia, um anjo apareceu e disse:

— Vocês vão ter um bebê. O nome dele será João, e ele vai sempre obedecer a Deus.

Zacarias não acreditou e por isso não conseguiu falar até que o bebê nasceu.

Lucas 1.5-23

O aviso mais importante

Tempos depois, o anjo também visitou Maria. Ele disse:

— Maria, você vai ter um bebê muito especial. O Filho de Deus!

Maria ficou assustada. Mas, mesmo assim, disse:

— Eu obedeço a Deus. O que ele faz é sempre certo.

E Maria ficou grávida de um menino. E ela lhe deu o nome de Jesus.

Lucas 1.26-38

Maria visita Isabel

POC, POC, POC. Lá foi Maria em seu burrinho visitar a prima Isabel, que também estava esperando um bebê. Quando Maria chegou, chamou por Isabel... Uuuu!

— Maria! — disse Isabel, toda feliz. — O meu bebê deu pulos de alegria dentro da minha barriga quando ouviu a sua voz! Ele sabe que o seu bebê será especial!

E as duas conversaram muito sobre Deus e seus bebês especiais.

Lucas 1.39-43

O nascimento

— Vamos! — José puxava o cansado burrinho. O bebê de Maria estava quase nascendo, e eles não encontravam um lugar pra ficar. Então um homem bondoso disse:

— O único lugar que sobrou é ali, onde os animais dormem e se alimentam.

Quando Jesus, nosso Salvador, nasceu, os animais, felizes, foram ver o bebê: MUUU, PIU, PIU, CÓ, CÓ, RICÓ!

Lucas 2.1-7

Os pastores e os anjos

Os pastores estavam cuidando de suas ovelhas quando, de repente, ouviram as ovelhas, assustadas…

— BÉÉÉÉ! BÉÉÉÉ! BÉÉÉÉ!

Então, os pastores, também assustados, viram um anjo muito brilhante, que disse:

— Não tenham medo! Vim contar pra vocês que o Filho de Deus nasceu! Corram e contem pra todo mundo! E muitos outros anjos começaram a cantar no céu!

Lucas 2.1-20

A estrela brilhante

— Olhem que estrela brilhante! Diziam os sábios enquanto andavam na direção dela. Eles sabiam que a estrela os levaria até o lugar onde tinha nascido uma pessoa especial.

— Vamos, vamos!

De repente, eles perceberam que a estrela estava iluminando um lugar muito especial. Lá, em vez de um rei com uma coroa, eles encontraram, olha só, um bebê!

— É Jesus, o filho de Deus! — Eles se ajoelharam, e deram presentes a Jesus.

Mateus 2

Cadê Jesus?

— Jesus! Jesus! — Maria gritava. Jesus tinha sumido!

Então começou a perguntar pra todo mundo: — Você viu Jesus? Você viu Jesus? — E procura, procura, procura… Mas onde ele podia estar?

Depois de muito procurar, Maria achou Jesus no templo, com os professores. Eles estavam espantados com tudo o que Jesus sabia.

Maria então chamou: — Jesus!— E ele respondeu: — Eu estava aqui, na casa do meu Pai!

Lucas 2.41-51

João e Jesus

João, o filho de Isabel, já era adulto e falava de Deus para todo mundo. Muitas pessoas queriam ser batizadas no rio Jordão, e ele as batizava. Um dia, Jesus também foi procurar João para que ele o batizasse.

Quando eles estava no rio, uma pomba pousou sobre Jesus. Era o Espírito de Deus! E todos ouviram uma voz que vinha do céu:

— Você é meu Filho amado!

Era a voz de Deus!

Marcos 1.9-11

Os discípulos de Jesus

— Venham comigo!

Jesus escolheu doze discípulos. Esses homens seriam alunos e amigos de Jesus. Eram pescadores, cobradores, parentes e alguns desconhecidos… pessoas bem diferentes, mas que Jesus amava igualzinho.

E os doze estavam sempre com Jesus, ajudando e aprendendo.

Marcos 9.9-13

Jesus e a tempestade

VUOSH! TROM-DOM! VUOSH! O barco estava no meio de uma enorme tempestade! ZUUU. O vento era muito forte! O barco balançava e balançava. Parecia até que ia virar...

— Jesus! Jesus! — Os discípulos gritavam, enquanto Jesus dormia, tranquilo, no barco. — Socooorro! A gente vai morrer!!

Jesus acordou, viu a tempestade e fez… "Psiu!" E a tempestade parou!

— UAU! — se espantaram todos.
— Até o vento obedece a Jesus!

Mateus 8.23-27

Amigos de verdade

As pessoas se acotovelavam para ouvir Jesus. Era tanta gente que, uma vez, não cabia mais ninguém na casa em que eles estavam.

Algumas pessoas queriam ajudar um amigo que não podia andar. E não desistiram: subiram no telhado, tiraram as telhas e o desceram por cordas até Jesus!

Jesus ficou admirado. E fez o homem andar de novo!

Marcos 10.13-16

As crianças com Jesus

— Queremos que nossas crianças conheçam Jesus! — disseram as mães, bem felizes. Mas os discípulos disseram:

— Ah, não vai dar. Jesus é muito ocupado! Olhem quanta gente quer falar com ele!

Mas Jesus, quando ouviu isso, disse:

— Não digam isso! Eu quero que elas venham aqui.

— EBA! EBA! — Gritaram as crianças, e foram correndo abraçar Jesus!

Marcos 10.13-16

Só dois peixinhos?

— Só temos 5 pães e 2 peixes!
Era muito pouquinho pra aquele monte de gente! E elas estavam com muita fome! Jesus pegou aquele lanchinho, orou e mandou os discípulos distribuírem para todos.

Era muito pouco, mas os discípulos começaram a repartir… e repartir… e repartir… e repartir… E não acabava! Deu para todo mundo, e até sobrou!

Lucas 9.10-17

Quero enxergar!

PLOC, PLOC, PLOC. A bengala do cego batia no chão, e ninguém prestava atenção nele.

Quando Jesus viu aquele homem cego, pegou um pouco de barro e PLOCH! PLOCH! Colocou nos olhos do homem. E disse pra ele:

— Agora, vá se lavar.

O homem lavou os olhos e então gritou:

— Eu estou vendo! Eu estou vendo!

Mesmo Jesus fazendo essas coisas boas, algumas pessoas não gostavam dele.

João 9.1-6

O jantar

Jesus chamou seus discípulos para jantar. Ele sabia que alguma coisa muito importante ia acontecer.

— Não se esqueçam de mim e do que ainda vai acontecer! Contem pra todos!

E Jesus disse que um dos discípulos ia fazer alguma coisa muito ruim.

Enquanto os discípulos ficaram perguntando quem seria, Judas, um dos discípulos, saiu para encontrar as pessoas que não gostavam de Jesus.

Lucas 22.13-20

A traição

Judas levou os soldados até Jesus, e ele foi preso. Judas recebeu dinheiro de umas pessoas más que tinham medo de Jesus e queriam se livrar dele. Os amigos de Jesus tentaram defendê--lo, e um discípulo atacou um soldado e arrancou a orelha dele. Mas Jesus disse:

— Parem! — E com muito amor, colocou a orelha de volta no soldado, e ela ficou perfeita!

Mesmo sendo preso, Jesus curou o soldado.

Lucas 22.1-6; 47-42

Jesus é crucificado

As pessoas más conseguiram que Jesus fosse condenado. Mesmo sabendo que ele não tinha feito nada de errado. Algumas pessoas mentiram. E até Pedro, que era discípulo de Jesus, ficou com medo de ser preso também e disse que não conhecia Jesus.

Os soldados colocaram Jesus na cruz, e ele sentiu muita dor. Quando Jesus morreu, tudo ficou escuro… mesmo sendo meio-dia! Toda a natureza ficou triste com isso.

João 19.16-23

Jesus vive de novo

Maria e Madalena, duas amigas de Jesus, foram até a caverna onde Jesus tinha sido enterrado, mas, quando chegaram lá, a porta de pedra estava aberta! Elas entraram, mas o corpo de Jesus não estava mais lá!

— Será que alguém levou o corpo de Jesus? — Elas disseram, tristes.

Então, um anjo veio e disse:

— Fiquem alegres! Jesus está vivo de novo! Ele ressuscitou!

— Viva! Viva! — Elas comemoraram.

Lucas 24.1-8

Jesus e seus amigos

As mulheres foram logo contar pra alguns discípulos, mas eles não acreditaram. Como alguém poderia viver de novo! Mas Jesus mesmo foi mostrar pra eles:

— Estou vivo, sim, podem acreditar! Eu voltei a viver. Tudo o que eu disse pra vocês é verdade.

— Viva! Viva! — Comemoraram os discípulos.

Lucas 24.36-49

Jesus sobe para o céu

Depois que Jesus voltou a viver, ele ficou quarenta dias com seus discípulos contando como ia ser o céu. Depois disso, Jesus se despediu e foi subindo, no ar, subindo, até desaparecer entre as nuvens.

Nesse momento, dois anjos disseram:

— Jesus disse que vai voltar! Podem acreditar: um dia ele vai voltar.

Os discípulos, então, começaram a contar pra todo mundo que Jesus nos salvou, e quem acreditar em Jesus vai para o céu morar com ele, pra sempre.

Atos 1.1-11

Jesus vai voltar

Quando Jesus voltar, todos os que acreditam e esperam por ele vão morar num lugar maravilhoso, bem perto de Deus. Nesse lugar, tudo vai ser muito, muito bom, como era no Jardim que Deus fez. E, do jeitinho que Deus planejou, vamos poder voltar a morar com ele... vai ser a maior alegria!

E você? Você acredita em Jesus? Se você acredita, um dia também vai estar lá com Jesus.

Marcos 13.26-27

Compartilhe suas impressões de leitura escrevendo para:
opiniao-do-leitor@mundocristao.com.br
Acesse nosso *site*: www.mundocristao.com.br

Diagramação: Fábio Sgroi
Gráfica: Donnelley Brasil
Fontes: Minion Pro e Arial Rounded MT Bold
Papel: Offset 90 g/m² (miolo)
Cartão 250 g/m² (capa)